RECIT MIRACVLEVX DE DEVX SAINCTES HOSTIES lesquelles ont esté conseruees entieres au milieu du feu.

Ensemble onze miracles qui se sont faicts en mesme temps à l'endroit desdites sainctes Hosties, en l'Eglise de l'Abbaye de nostre Dame de Fauerney pres de Dole, de l'ordre de sainct Benoist.

Rubis ardens incombustus. *Exode 3.*

Ignis ante ipsum præcedet. *Psalm. 96.*

A PARIS,
Chez Claude Vymont, à la tournee du pont de bois, au Croissant, du costé du palais.
M. DC. XXVII.
Auec Approbation.

Recit miraculeux de deux sainctes Hosties lesquelles ont esté conseruees entieres au milieu du feu.

'Est vne chose honorable de confesser & reueler les œuures de Dieu, cõme dict l'Ange à Thobie chap. 12. *Opera Dei reuelare & confiteri honorificum est.* On doit honorer d'vn commun applaudissement & celebrer auec louanges eternelles (comme dict S. Leon) ce qui aduient pour la consolation des gens de bien: I'ay estimé donc estre à propos de vous mettre icy vne merueille pleine de miracles qui est arriuee au temps auquel l'on faict memoire de l'institution du tres-Auguste & tres-sainct Sacrement de l'Autel, qui est la merueille des merueilles de Dieu, ou plustost l'abregé & le ramas de toutes ses merueilles, Dieu ne pouuant monstrer vn plus grand amour en nostre endroit, ny faire paroistre des traits plus admirable de sa Toutepuiss. & sagesse infinie, qu'en nous donnant sa propre chair en viande & son precieux sang en breuuage, afin que nous soyons d'autant plus prouoquez à l'aymer, & par cet amour nous despouiller de nous mesmes, & nous transformer entierement en luy.

Et pour vous faire voir au long comme ceste merueille fut ouuree, ie vous diray, qu'ayant le S. Siege Apostolique, legitime dispensateur des graces & tresors de l'Eglise, despuis plusieurs annees octroye indulgences plenieres à tous fideles qui deuotement visiteroient & frequenteroient l'Eglise susdite de Nostre Dame de Fauerney, Diocese de Besançon, ez iours des Festes de Pentecoste. L'an & iour susdits veille de ladite Feste, le sieur Secretain Religieux dudit Monastere, ayant selon la coustume des annees precedentes, & pour exciter dauantage la deuotion du peuple, dressé & preparé prez de treillis de fer, qui separoit le Presbytere, d'auec le Chœur, vne table de bois en forme d'Autel, parée & reuestuë, tant par les costez que par derriere, de cortines, tapis & autres ornements, &

couuert par le haut du daiz ou poile de ladicte Eglise, & ayant sur icelle table, à vn pan prez dudit treillis posé sur vn petit degré de bois, vn tabernacle de mesme matiere, composé de quatre petites colomnes, orné à l'entour de quelque estoffes de soye, & dans iceluy tabernacle, vn marbre sacré, couuert d'vn Corporal: sur lequel ayant mis vn Ciboire ou Reliquaire d'argent doré sur les garnisōs excedans le poids d'vn marc, au milieu duquel y a vne branche, ou tuyau de cristal couché de sa longueur & en trauers, dans lequel est enclos vn ossement de saincte Agathe Vierge & Martyre, & sur ledit cristal est enté vn cercle d'argent comprenant les deux vitres, entre lesquelles estoit posé le tres-S. Sacrement, en deux Hosties consacrees, ledit iour, selon la coustume ancienne dudit Monastere, ce qu'on faict ainsi, pour faire voir des deux costez la figure du Crucifix representé en chacune Hostie. Tout ce que dessus, ayant ainsi esté fait & disposé, & ledit Autel, ou Oratoire paré auec quelques chandeliers & tasses de verre seruāt de lampes, dez les premieres Vespres de laditte Feste de Pentecoste, iusqu'au soir

dudit iour, arriua que la nuict suyuante 21. dudit mois de May, chacun s'estãt retiré, l'vne desdites lampes (comme on peut presumer) vint à se casser par la vehemence du feu, de sorte que la mesche tombãt sur les nappes dudit Autel, le feu s'y prit en telle maniere qu'il brusla, & embrasa, nou seulement les cortines, tapis, ornemens & le poille, ou daiz susdit
1. Miracle. (horsmis toutesfois, & non sans vn particulier miracle, la partie d'iceluy qui couuroit la tres-saincte Eucharistie) mais aussi le Tabernacle, & le degré de bois, sur lequel il estoit posé, & la partie de la table qui touchoit lesdits treillis, & soustenoit le tout, mesme le marbre sacré, sur lequel posoit le tres-Auguste Sacrement dans son Ciboire tomba & fut trouué rompu en pieces, & l'enchassure d'iceluy bruslee,
2. Miracle. auec la partie de laditte table en vn brasier sur le paué. Et cependant ledit Ciboire contenant le tres-sainct Sacrement, & laditte Relique (tout support venant à defaillir au dessus de soy) demeura en sa place sans tomber; & non seulement cela, mais encore, ô grandeur & puissance infinie de Dieu: Quoy qu'il fust enuironné de toutes parts, de feu & de flammes, &

le pied couuert de charbons ardents,(cõme à present tesmoignent les marques qui sót restees,& la noirciceura dudit vase)neantmoins le tout fust conserué sans aucune lesion: Et que plus est, ledit Reliquaire s'estant retiré de sa place d'enuiron vn pan vers ledit treillis de fer, demeura de la mesme hauteur suspendu en l'air sans aucun support ny appuy que de la seule toute puissance de Dieu & le Seigneur,& le feu,& l'air, & la terre, & toutes creatures obeïssent comme à leur autheur,& createur, lequel pour plus amplement manifester ceste sienne merueilleille, permit que ce sacré Vase demeura en ceste forme,& suspention surnaturel le l'espace de 43. heures, ou enuiron, durant lequel temps il fut veu de tout le peuple,tant de laditte ville de Fauetney, qui se trouua aussi-tost en laditte Eglise que des lieux circonuoisins,qui accoururent à milliers, & y passoient les nuicts, entieres en prieres,& oraisons,& actions de graces continuelles à la Diuine Maiesté de ce Seigneur, qui daignoit les obliger de ceste faueur & grace si particuliere & extraordinaire. Mais qui n'admirera vne autre circonstance adiacente à ce di-

3. Miracle.

4. Miracle.

5. Miracle.

uin prodige, qui fut telle, que si bien le treillis cy-deuant mentionnez fussent branlants, & à tout coup rudement agitez, tant pour estre mal retenus, qu'à cause mesme que les bases de bois qui les suportoient, & l'vn des poteaux dans lesquels ils estoient enclauez, furent en partie bruslez, neantmois le susdit Reliquaire, nonobstant tout mouuement & agitation desdits treillis, ausquels il sembloit toucher, tant en estoit-il prez, demeura immobile, non sans vn grand estonnement de tous les assistans, & persista ainsi iusqu'aux dix heures ou enuiron du matin, du Mardy troisiesme feste de la Pentecoste, lors qu'entre plusieurs Processions des villes, bourgs & bourgades, qu'au bruit esparts de ceste nouuelle y abordoient file à file, & auec vne singuliere feruceur, par leurs prieres, sacrifices, confessions & communions venoient louer & magnifier ce grand Dieu, à qui seul appartient faire choses hautes & admirables, arriua qu'vn sieur Curé d'vn village appellé Menou, voisin dudit lieu de Fauerney, celebrant la saincte Messe au grand Autel de laditte Eglise, en presence d'vne grande multitude de personnes

6. Miracle.

nes deuotement assemblees, pendant le-
dict sacrifice, vn des cierges allumez de- Miracle 7.
uãt ledit Reliquaire s'esteignist par trois
fois, sans aucune cause apparente, quoy
qu'il fust r'allumé autant de fois & à l'in-
stant de la premiere esleuation de l'Ho- Miracle 8.
stie sacree de laditte Messe à mesure que
ledit sieur Curé la rabaissoit, fut en l'air,
comme vn son fort gracieux & harmo-
nieux de quelque clochette delicate, ou
tymbale d'argent, & tout aussi-tost ledit Miracle 9.
sacré Cyboire commença à descendre
de soy-mesme fort doucement, & s'estãt
vn peu arresté, acheua son chemin, & se
posa proprement sur vn Missel couuert
d'vn Corporal, mis sur vn aix qu'on a-
uoit adiancé de quelque distance soubs
iceluy, pour le receuoir auec plus de re-
uerence, s'il venoit à tomber, ce qui fut
clairement veu, & visiblement apperceu
de plusieurs tant hommes que femmes,
& enfans, qui voyant ceste merueille,
tous estonnez & rauis d'admiration, cõ-
mencerent à crier misericorde, fondants Miracle
en larmes, & frapans leurs poictrines. Ce 10.
n'est icy la fin des merueilles de Dieu en
ce rencontre. Car voicy encore vn effect
de sa toute puissance, non moins admi-

rable que les precedẽtes, qui declare d'vn costé qu'elle fut la vehemence de ce feu, & de l'autre presche le pouuoir absolu de son autheur & createur. Le tuyau du cristal susdict garny d'argent aux deux bouts, & l'vn d'iceux bien clos & fermé d'vne lame d'argent, vn petit bouchon de papier fermant l'autre embouschure, & sortant à demy hors du cristal, fust cependant au milieu de ces viues flammes conserué sans aucune attainte de feu. Et ce qu'est grandement à notter, est que Dieu a faict naistre ce prodigieux miracle aux yeux de tout le monde, tandis qu'vn tas d'aueuglez Heretiques estoient assemblez en vn village appellé Passauant, distant seulement de quatre lieuës de ladicte ville de Fauerney, vomissant mille outrages & blasphemes contre ce tres-Sainct & tres-Auguste Sacrement, pour contrequarrer à leur ordinaire, la pieté & deuotion des fideles, qui s'assembloient en ceste ancienne Eglise, & de tout temps recommãdée par les merites de la Royne des Anges, la Vierge sacrée pour y receuoir par son entremise & assistance, les fruicts des diuins Sacremens, & le benefice des sainctes Indulgences.

Or n'estoit-ce pas vne belle & docte leçon, que ceste sapience eternelle faisoit ces ignorans pour les releuer de leurs erreurs, s'ils l'eussent voulu receuoir & en faire leur profit? Que respondront-ils pour excuses legitimes, entendans toutes ces merueilles de la bouche propre de tāt depersõnes qui en ont esté spectateurs & tesmoins oculaires? Qu'allegueront-ils contre le procez verbal, & l'information authentique qui fut faicte peu de iours apres le miracle, par les Officiers du Conseil Archiepiscopal de l'Illustrissime Archeuesque de Besançon, comme Diocesain, lequel estant deuëment informé de la verité du faict par les depositions, & soussignets de cinquante deux tesmoins irreprochables, ordonnaque publication solemnelle en fust faicte par tout son Diocese. *Approbation.*

La ville de Dole, capitale de la Franche Comté, fut honoree de l'vne desdictes Hosties miraculeuses, par le benefice & liberalité du R. Pere en Dieu Dom Alphonse Doresmieux deuot Religieux, & tres digne Abbé dudit Monastere, & Seigneur de ladicte ville de Fauerney, qui voulut par ce diuin benefice obliger ceste Ville sur toute autres à recognoissance immortelle de ce bien-faict à la seule gloire de Dieu. Le papier n'est suffisant pour comprendre toutes les particularitez dignes de remarque, qui suruindrent en cest embrasement. Mais comme à la faueur des Indulgences (qui tant repugnent au sens & iugement depraué des aduersaires de nostre Foy & Religiõ) Dieu a operé ce que dessus, il n'a aussi oublié de nous y enseigner en quelle estime nous deuions auoir ces diuins thresors, preseruant miraculeusement le Bref Apostolique des susdictes Indulgences, concedees par le Souuerain Põtife d'heureuse memoire Clement VIII. qui y estoit attaché auec deux espingles au deuant de l'Autel dudit Oratoire, lequel fut consumé: Et cependant ledit Bref tombant au milieu du brasier fut atteint de feu en vn coing, en sorte toutesfois que la retraction du parchemin n'offença aucun charactere d'iceluy. Voilà donc comme ce grand Dieu console son Eglise, & pouruoit à l'infidelité des obstinez & incredules, si tant soit peu ils veulent penser à eux. Que si toutes ces merueilles qui se sont passees en ce feu miraculeux, ne suffisent pour leur desiller les yeux, & les ramener à leur deuoir, pour venir adorer auec nous nostre Seigneur en son sainct Temple, sous les especes du pain & du vin au tres-Auguste & tres-sainct Sacrement de l'Autel: Et les Catholiques à le venerer dauantage, & assister auec plus de respect deuant luy au sainct sacrifice de la Messe, où ce diuin Mystere de la merueille des merueilles de Dieu, ést operé, que iusquesicy plusieurs n'ont fait. Qu'ils sçachent que la diuine Iustice a allumé vn feu eternel dans les Enfers pour punir leur temerité.

www.ingramcontent.com/pod-product-compliance
Lightning Source LLC
LaVergne TN
LVHW010343230826
846091LV00009B/4005

* 9 7 8 2 0 1 3 6 8 6 3 0 3 *